Rainer Crummenerl/Manfred Rohrbeck

Das will ich wissen

Die Erde, unser Planet

Rainer Crummenerl
wurde 1942 in Falkenberg an der Elster geboren. Einige Semester studierte er Wirtschaftswissenschaften und machte dann eine Ausbildung zum Journalisten. Er arbeitete bei verschiedenen Zeitungen. Seit 1980 schreibt Rainer Crummenerl als freier Autor für Kinder und Erwachsene. Er lebt in der Nähe von Leipzig.

Manfred Rohrbeck
wurde 1953 geboren und hat in Halle/Saale studiert. Er ist freischaffender Künstler und hat schon in vielen Bereichen gearbeitet: als Theatermaler, als Grafiker für die Werbung und als Illustrator für verschiedene Verlage. Besonders gerne illustriert er Abenteuerromane und Sachbücher. Mit seiner Familie lebt er im Vorharz. Seine Hobbys sind Modelleisenbahn und Modellbau.

Rainer Crummenerl

Das will ich wissen

Die Erde, unser Planet

Mit Bildern von Sabine Scholbeck
und Manfred Rohrbeck

Arena

In neuer Rechtschreibung
***
Sonderausgabe 2008

Einband und Sachillustrationen: Manfred Rohrbeck
Illustrationen zur Geschichte: Sabine Scholbeck
Gesamtherstellung: Westermann Druck Zwickau GmbH
ISBN 978-3-401-06283-9

www.arena-verlag.de

Inhalt

Die blaue Kugel

Kai guckt auf seine Armbanduhr.
Noch genau 41 Minuten, dann sind Winterferien.
Wo mag nur . . . Da geht die Tür auf.
Herr Bursche, der Klassenlehrer, hinkt herein.
»Ha«, knurrt er, »dieser Hof! Eine Eisbahn ist
noch stumpf dagegen!«
Vorsichtig betastet er sein Handgelenk.
Dabei sagt er: »Was wollten wir heute
eigentlich machen?«

»Sie wollten uns eine Geschichte vorlesen«, hilft ihm Kathi. »Über die Erde.«
»Richtig«, sagt Herr Bursche, »über die Erde.« Er kramt in seiner Jackentasche, doch die Brille, die er findet, ist zerbrochen.
»Vorlesen geht nicht mehr«, seufzt Herr Bursche und überlegt. »Dann schreibt mir doch mal etwas über die Erde auf, ein paar Zeilen!«
Die Kinder murren, aber Herr Bursche bleibt hart: »Das Thema: ›Die Erde und ich‹.
Ihr habt eine halbe Stunde Zeit.«

»Was sollen wir denn da schreiben?«, mault Max und guckt ziemlich ratlos.
»Na, was ihr erlebt habt mit der Erde.«
»Ich habe aber nichts erlebt«, sagt Maria.
»Und mir fällt auch gar nichts ein.«
Kai hat den letzten Satz gar nicht erst abgewartet. Er sitzt schon tief über sein Heft gebeugt und schreibt.
Nach einer halben Stunde meldet sich Herr Bursche wieder. »So, die Zeit ist um.«

Vorsichtig steht er auf. »Und nun bin ich gespannt. Wer möchte beginnen?«
Kai meldet sich. Maria und Jens auch.
»Also, Jens, dann lass mal hören!«
»Ich habe erlebt, wie die Erde entstanden ist. Das war in unserem Garten. Da gibt es ein Gestell, da wirft mein Großvater immer Pflanzenabfälle hinein. In diesem Jahr hat er dort Erde herausgeholt.«

Herr Bursche lächelt. »Du hast zwar den Planeten Erde mit dem Erdboden verwechselt – aber immerhin, ein schönes Erlebnis.
Das Gestell heißt übrigens Komposter.«
Nun schaut Herr Bursche zu Maria.
»Nanu, da ist dir ja doch etwas eingefallen.«
Maria guckt ernst auf ihr Heft. »Die Erde«, liest sie vor, »ist sehr anziehend.«
»Schön, meinst du«, unterbricht Herr Bursche, »die Erde ist sehr schön.«
»Nein«, beharrt Maria, »anziehend.« Sie liest weiter. »Das hat uns Herr Bursche bewiesen.

Er fiel auf dem Schulhof hin und zerbrach sich …«
»Jaja, die Anziehungskraft der Erde«, murmelt Herr Bursche. »Das war ein weniger schönes Erlebnis.« Dann zeigt er auf Kai.
Kai räuspert sich und liest: »Die Erde ist rund. Von Weitem sieht sie aus wie eine blaue Kugel. Das kommt von dem vielen Wasser. In ihm liegen die Kontinente wie Inseln. Die Erde dreht sich. Dabei hängt sie schief in ihrer Achse. Vor …«

»Das willst du erlebt haben?«, schimpft Olli und tippt sich an die Stirn. »Das hast du doch geträumt!«
In diesem Augenblick klingelt es. Hurra! Die Weihnachtsferien sind da! Die Kinder springen auf und packen ihre Sachen.
Keiner denkt mehr an die schief hängende Erde. Traurig schleicht der Junge nach Hause.

Von wegen, er hat das nicht erlebt!
Was weiß denn schon Olli!
Es ist schon früh dunkel geworden.
Zu Hause knipst Kai das Licht an. Auf seinem Schreibtisch leuchtet eine blaue Kugel auf.
Sie ist groß, viel größer als ein Fußball.
Und sie hängt schräg in ihrer Achse.
Langsam dreht Kai die Kugel. Afrika geht, Amerika kommt. Aber das Wasser, das blaue, das ist überall. Kai schüttelt den Kopf.
Und das soll er geträumt haben? Als wäre sein schöner neuer Globus nicht auch eine Erde.
Nur ein bisschen kleiner.

Vom Feuerball zur Wasserkugel

Aus der Ferne des Weltalls leuchtet die Erde tatsächlich wie eine blaue Kugel.
Kugelrund ist unser Planet aber nicht.
Da er sich sehr schnell um sich selbst dreht, wirkt auf ihn die Fliehkraft ein. So haben sich seine Pole leicht abgeflacht. Und der Äquator ist bauchig. Eigentlich hat die Erde mehr die Form einer Apfelsine.

a) Äquator 12 756 km
b) Pol- oder Erdachse 12 714 km

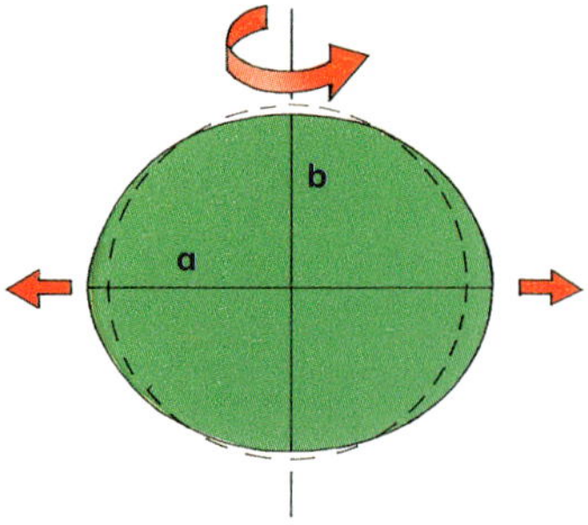

Aber auch so sah die Erde nicht schon immer aus. Als sie vor langer, langer Zeit entstand, war sie eine Wolke aus Staub- und Gasresten. Die waren bei der Geburt der Sonne übrig geblieben. Die Staub- und Gaswolke jagte mit unvorstellbarer Geschwindigkeit durch das Weltall. Dabei drehte sie sich rasend schnell. Die Drehgeschwindigkeit presste die Staubteilchen zusammen. Es entstand Hitze und eine feste Kugel bildete sich.

Die Ur-Erde war ein glühender Ball aus kochend heißem, flüssigem Gestein. Es dauerte Millionen Jahre, bis sie sich abgekühlt hatte. Zunächst erstarrte ihre Oberfläche.
Aus der festen Kruste entwichen mächtige Gaswolken. Sie umgaben schließlich die ganze Erde. Dann begann es zu regnen. Das Wasser stürzte mit unerhörter Gewalt aus den Wolken. Der Regen dauerte Millionen von Jahre.
Er sammelte sich in den tieferen Teilen der Erdoberfläche und bildete die Ozeane.

Im Innern der Erde

Ungeheure Hitze und hoher Druck hindern den Menschen daran, sehr tief in das Erdinnere vorzustoßen.
Forscher haben trotzdem herausgefunden, dass die Erde aus mehreren Schichten besteht. Die äußere ist die dünne, aber feste Erdkruste. Auf ihr leben wir. Die Erdmitte ist ein Kern aus rot glühendem Eisen. Ihn umgibt ein dicker Mantel. Sein geschmolzenes Gestein bildet einen zähflüssigen, heißen Brei.

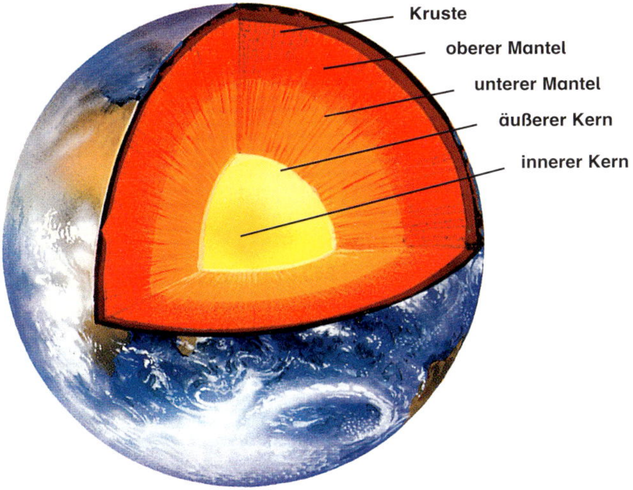

Ruhelose Kontinente

Nichts erscheint uns so fest gefügt wie der Erdboden, auf dem wir stehen. Doch der Schein trügt. Die Erdkruste ist nämlich in sieben große und viele kleinere Stücke zerbrochen. Diese Platten »schwimmen« auf dem zähflüssigen Erdmantel wie Eisschollen auf dem Wasser. Die Erdplatten tragen die Kontinente und die Ozeanböden.

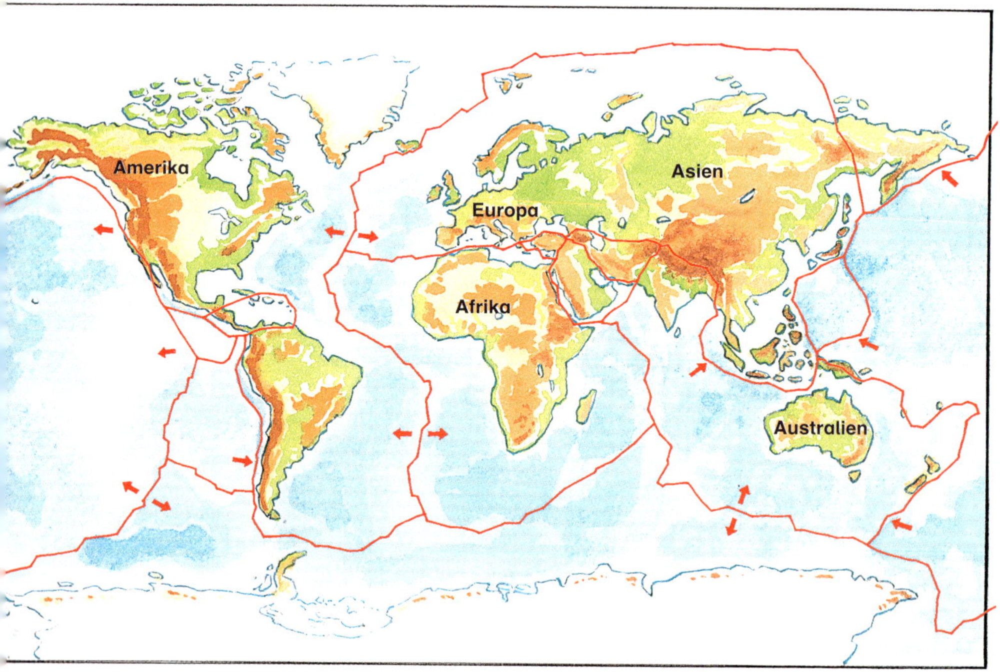

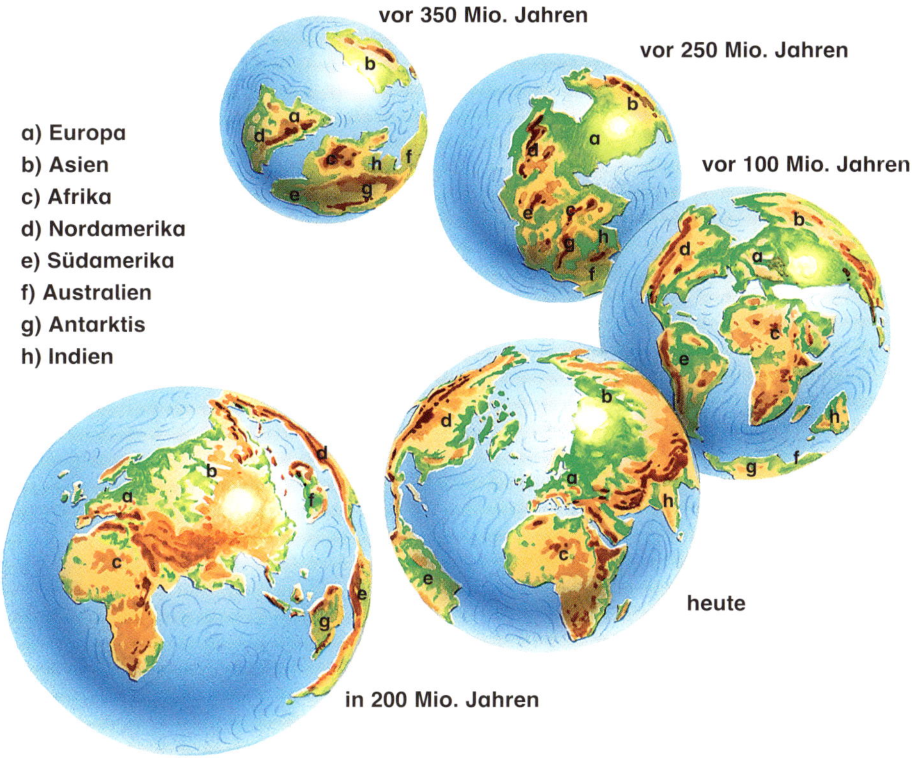

Jahr für Jahr wandern die Erdplatten einige Zentimeter in verschiedene Richtungen. Langsam aufsteigendes und wieder absinkendes Gestein im Erdmantel treibt sie an. Die Kontinente machen diese Wanderungen mit. Man nennt dies Kontinentalverschiebung. Irgendwann einmal wird unser Globus ganz anders aussehen als heute.

Was aber passiert, wenn zwei Erdplatten aufeinanderstoßen? Oder wenn sie sich seitlich zueinander verschieben?
Dann bebt häufig die Erde. Ein Erdbeben kann vieles auslösen: Im Ozean entstehen riesige Flutwellen. Oder ein Vulkan bricht aus.
Dann schießt heißes, flüssiges Gestein, das unter der festen Erdkruste liegt, durch einen Spalt nach oben.
Manchmal brechen Gräben in den Meeresboden. Oder ein Gebirge faltet sich auf.

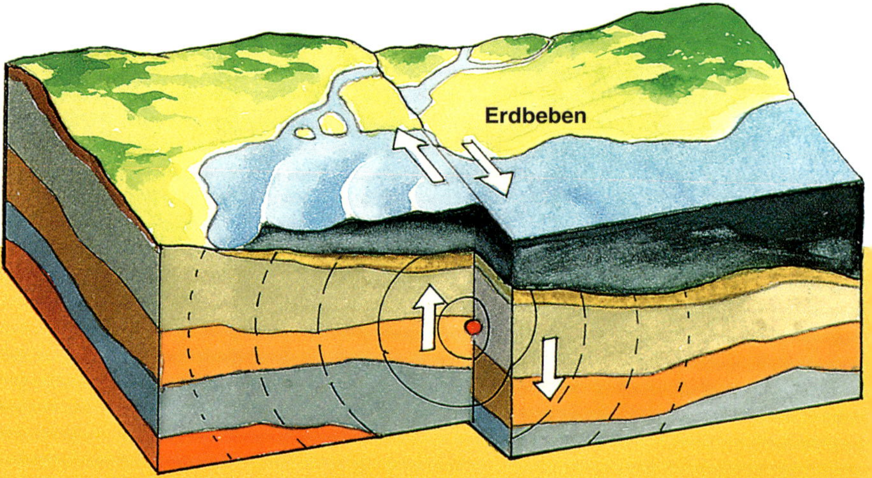

sich verschiebende Erdplatten

Wie entstehen Gebirge?

Viele Berge und Gebirge wachsen auch heute noch. Das geschieht aber so langsam, dass wir nichts davon bemerken. Es dauert viele Millionen Jahre.
Gebirge können auf sehr unterschiedliche Art entstehen. Es können beispielsweise zwei Kontinentalplatten zusammenprallen. Dann falten sich ihre Ränder auf wie ein Teppich, den man zusammenschiebt.
Die Alpen sind ein solches Faltengebirge. Sie wachsen noch immer.

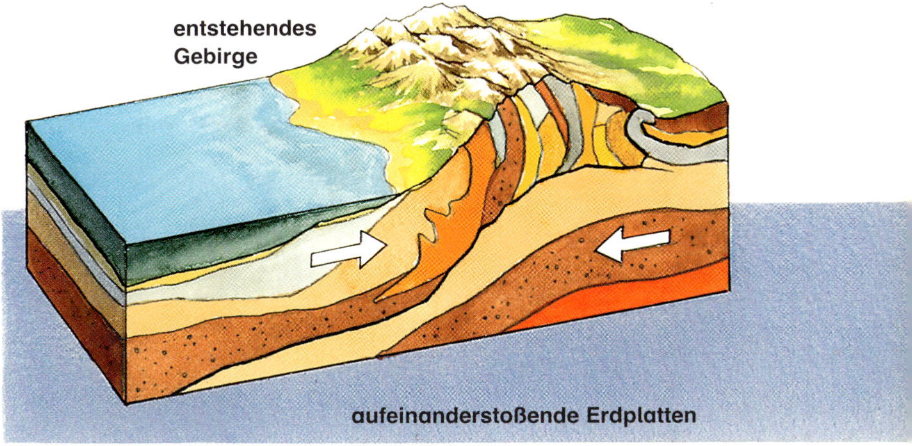

Gebirge erheben sich auch, wenn zwei Kontinentalplatten auseinanderstreben. Dann bricht der Druck aus der Tiefe der Erde das Krustengestein in Blöcke auf. Die Blöcke senken und heben sich. Manchmal taucht eine schwerere ozeanische Platte vor dem Rand eines Kontinents ab. Dabei kann ihr Gestein in den heißen Erdmantel geraten. Dort schmilzt es und wird durch Vulkane wieder herausgeschleudert. So sind die Anden in Südamerika entstanden.

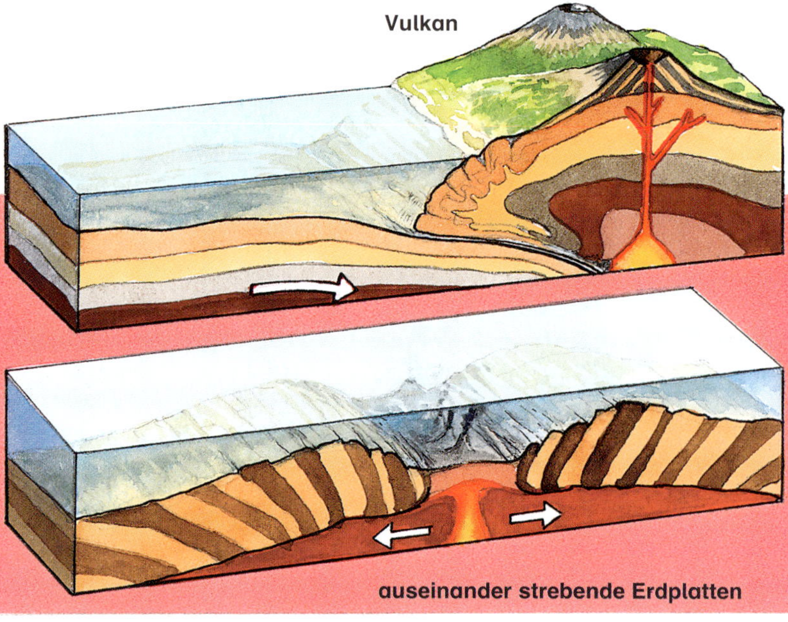

auseinander strebende Erdplatten

Der Wasserplanet

Drei Viertel der Oberfläche unseres Planeten sind von Wasser bedeckt. Eigentlich müsste die Erde »Meer« heißen.
Es gibt drei große und einen kleineren Ozean. Das sind der Pazifische, der Atlantische, der Indische und der Arktische Ozean.
Am größten ist der Pazifische Ozean. Er bedeckt zwischen Asien, Australien, Amerika und der Antarktis etwa ein Drittel der Erdoberfläche.

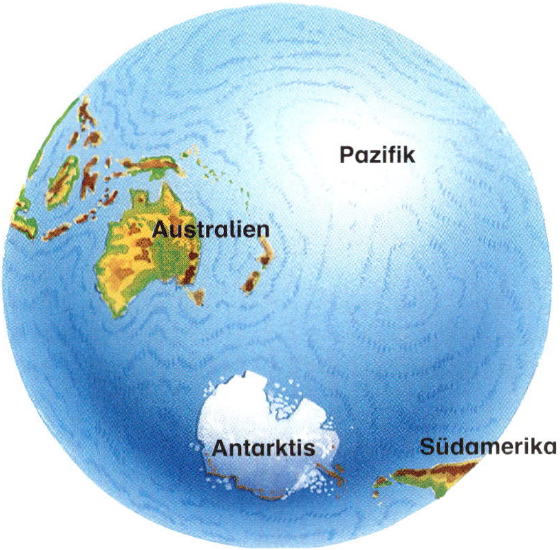

Die Ozeane sind groß, tief und dauernd in Bewegung. Ihr Boden hat – wie das Festland – Ebenen, Gräben und Gebirge. Diese sind allerdings viel gewaltiger als an Land. Unter Wasser erheben sich die größten Berge und die längsten Gebirge der Erde. Meerwasser kann man nicht trinken. Es ist voller Salz. Schuld daran ist der Jahrtausende währende Regen. Er löste Salze aus den Gesteinen der Erdkruste. Sturzbäche und Ströme spülten sie ins Meer.

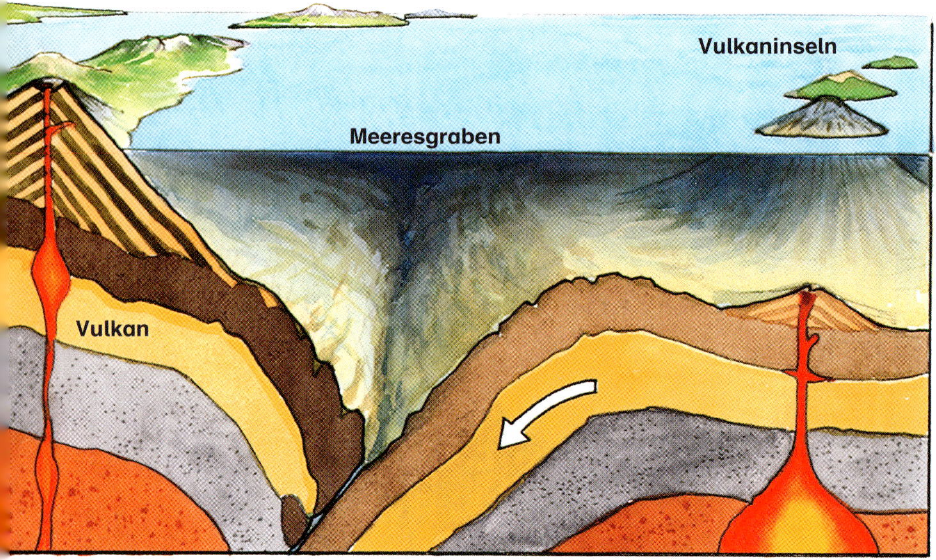

Sehr wenig Wasser der Erde enthält kein Salz. Süßwasser ist in Flüssen, Seen und Gletschern. Es ist aber auch unterirdisch gespeichert.
Die Wassermenge der Erde befindet sich in einem ständigen Kreislauf. Dabei bleibt sie aber immer gleich groß. Dieser Kreislauf beschert uns das Leben spendende Wasser.

Die Lufthülle der Erde

Eigentlich gibt es auf unserem Planeten noch einen fünften Ozean. Dieser besteht jedoch nicht aus Wasser, sondern aus Luft.
Auf dem Grunde dieses »Luftmeeres« leben wir.
Luft ist ein Stoff wie Stein oder Wasser.
Dennoch können wir sie weder sehen noch fassen, auch nicht riechen oder schmecken.
Nur der Wind lässt uns fühlen, dass da »etwas« vorhanden ist.

Die Luft besteht aus einem Gemisch verschiedener Gase. Am wichtigsten für uns ist der Sauerstoff. Ohne Sauerstoff würden wir ersticken.

Atmosphäre nennen wir die Luftschicht, die unseren Planeten umgibt. Stellt man sich die Erde von der Größe eines Pfirsichs vor, so ist die Atmosphäre nur so dick wie seine Schale. Die Anziehungskraft unseres Planeten verhindert, dass sie in den Weltraum entweicht.

Die Atmosphäre gliedert sich in mehrere Schichten, man sagt auch Stockwerke.

Wir leben im untersten Stockwerk, der Troposphäre. Die Troposphäre enthält etwa drei Viertel der ganzen Erdluft.

In Meereshöhe ist die Atmosphäre am dichtesten. Je höher man auf einen Berg steigt, desto dünner wird die Luft.

Die Luftschichten der Erde

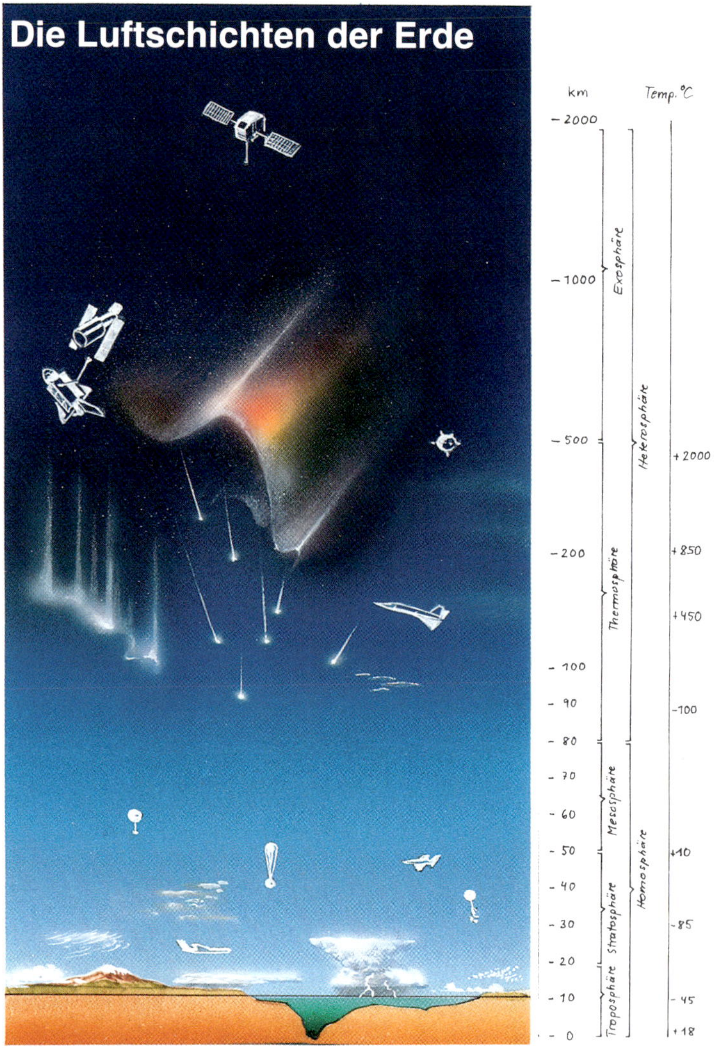

Rund um das Wetter

Der Ozean aus Luft, in dem wir leben, ist alles andere als ein ruhiges Meer. Irgendetwas ist immer in ihm los. Wolken ziehen, der Regen trommelt, der Nebel wabert, Blitze zucken oder Schnee fällt. Erst lässt uns Hitze stöhnen, später Kälte zittern. All dies rechnen wir zum Wetter. Die Troposphäre, unser Stockwerk, ist die Wetterküche der Erde.

Aber was treibt unser Wetter an? Die Sonne.
Ohne ihre Kraft gäbe es kein Wetter.
Die Sonnenstrahlen erwärmen die Luft.
Die warme Luft wird leichter und steigt nach oben. Kühlere Luft strömt nach. So entsteht eine Luftbewegung, der Wind.
Die Sonne erwärmt auch die Meere.
Wasser verdunstet. Als unsichtbarer Wasserdampf schwebt es in der Luft.
Hoch oben kann die Luft die gespeicherte Feuchtigkeit nicht mehr halten. Wassertröpfchen bilden sich. Wir können sie als Wolken sehen.

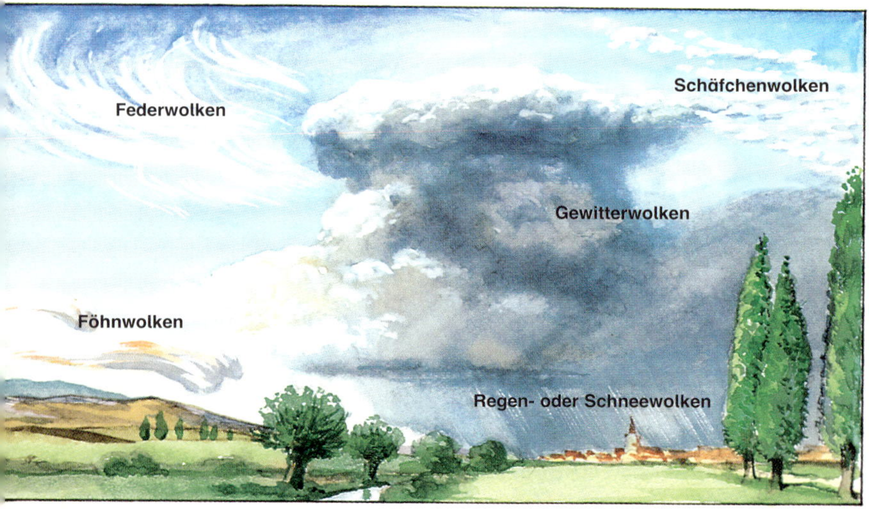

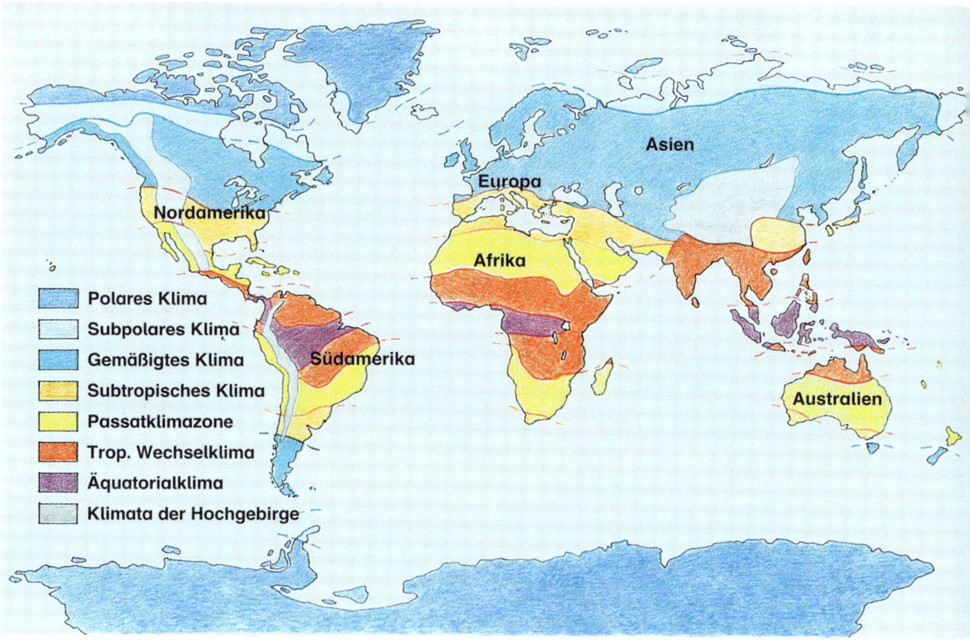

Irgendwann fällt das Wasser der Wolken auf die Erde zurück. Dann regnet, hagelt oder schneit es.
In manchen Gegenden wechselt das Wetter fast täglich. Anderswo scheint wochenlang die Sonne. Klima heißen diese Wetterbedingungen, die in einem bestimmten Gebiet beobachtet werden. Das Klima hängt zuallererst von der Sonnenwärme ab, die eine Gegend erreicht. Es bestimmt auch die Pflanzen- und Tierwelt.

Wälder, Steppen und Wüsten

Es gibt fünf große Zonen einheitlicher Klimata.
Sie laufen rings um die Erde.
In jeder Klimazone finden sich spezielle
Lebensräume, in denen auch unterschiedliche
Tier- und Pflanzenarten leben.
Am Äquator ist es das ganze Jahr über
heiß und feucht. Hier, am Bauch der Erde,
erstrecken sich die großen tropischen
Regenwälder.

Die sich anschließenden Savannen sind offenes Grasland. Es ist mit einzelnen Bäumen durchsetzt. Die größten Savannen liegen in Afrika.
Rund ein Drittel der Landmasse unseres Planeten ist von Wüsten bedeckt.
Die größte von ihnen ist die Sahara.
Sie ist so groß wie die USA. Die meisten Wüsten bestehen aus Schotter, Kies und hohen Gebirgen. Nur jede fünfte Wüste ist ein »Sandmeer«.

Wir leben in der gemäßigten Zone.
Hier ist es im Winter kalt und im Sommer warm.
Regen fällt zu jeder Jahreszeit.
Es herrschen Laub- und Nadelwälder vor,
weiter nördlich nur noch Nadelwälder.
Noch näher bei den Polen der Erde wachsen
keine Bäume mehr. Hier, in der Kälte der
Tundra, gedeihen nur noch Büsche,
Flechten und Moose.

Wie das Leben entstand

Die Erde ist voller Leben. Es gibt ungeheuer viele Pflanzen- und Tierarten. Jahr für Jahr werden weitere entdeckt. Aber wo sind sie eigentlich hergekommen?
Als sich unser Planet bildete, gab es noch kein Leben. 1,5 Milliarden Jahre blieb das auch so. Dann entwickelten sich in dem immer noch warmen Ozeanwasser die ersten Lebewesen. Sie waren sehr winzig. Ihr kleiner Körper bestand nur aus einer einzigen Zelle.

Nach einer weiteren Ewigkeit schlossen sich erstmals mehrere Zellen zusammen. Würmer, Quallen und Weichtiere entwickelten sich. Schließlich kamen die ersten Fische. Vor langer, langer Zeit krochen einige Fische aufs feste Land. Dort hatten sich inzwischen schon Pflanzen und Insekten angesiedelt. Diese Fische wurden zu Amphibien. Das sind Tiere, die sowohl im Wasser als auch an Land leben können. Nun entstanden recht schnell neue Lebewesen.

Die ersten Reptilien erschienen – Schlangen, Krokodile, auch Schildkröten.
Dann, vor 230 Millionen Jahren, tauchten die Dinosaurier auf. Sie waren die größten Pflanzenfresser. Manche von ihnen waren auch gefährliche Fleischfresser. Ihre Herrschaft endete vor 65 Millionen Jahren.
Vögel und Säugetiere lösten sie ab.
Zu den Säugern zählen auch wir Menschen.
Im Vergleich zu den ersten Lebewesen, gibt es den Menschen aber erst seit kurzer Zeit.

Nichts bleibt, wie es ist

Vieles um uns herum verändert sich. Häuser wachsen in die Höhe. Tunnel und Brücken entstehen. Die Berge, der Fluss und das Meer scheinen dagegen unveränderlich. Doch auch ohne menschliches Wirken verändert sich die Erde ständig. Das ist vor allem das Werk von Sonne, Wasser und Wind. Die Sonne erwärmt die Felsen und dehnt sie aus. Winzige Risse entstehen. In die Spalten dringt Wasser ein. Es gefriert und weitet die Risse. Die Felsen verwittern; sie zerfallen.

Der Wind unterstützt die Arbeit des Wassers. Unablässig weht er Milliarden feinster Sandkörnchen heran. Mit ihnen schleift er selbst die spitzesten Felsen rund.
Wasser, Wind und Eis transportieren das gelöste Material fort. Flüsse schwemmen es in die Meere und der Wind häuft es zu Sandwüsten.
Ganz langsam werden mit der Zeit Gebirge verschwinden und Meere versanden.
Dann steigen wieder neue Gebirge auf und neue Meere werden an einer anderen Stelle entstehen.

In vielen Millionen Jahren wird unsere Erde ganz anders aussehen als heute. Diese langsamen Veränderungen kann der Mensch nicht beeinflussen. Sie zerstören die Erde nicht. Doch die schnellen Veränderungen der Erde durch den Menschen können ihr Gleichgewicht stark beschädigen. Der Mensch braucht die Erde aber zum Leben. Deshalb sollte er verantwortungsbewusst mit ihr umgehen.

Glossar

Amphibien: Tiere, die auf dem Lande und im Wasser leben

Äquator: größter Breitenkreis des Gradnetzes der Erde

Atmosphäre: Lufthülle der Erde

Erdkruste: die äußerste, feste Erdschicht, auf der wir leben

Erdmantel: eine dicke Erdschicht aus geschmolzenem Gestein. Er liegt um die Erdmitte und unter der festen Erdkruste.

Erdmitte: der Kern der Erde aus rot glühendem Metall

Klima: durchschnittlicher Wetterverlauf eines bestimmten Gebietes

Kontinentalplatte: Teil der Gesteinshülle der Erde

Reptilien: Tierklasse, die sich aus den Amphibien entwickelt hat, wie Schlangen, Eidechsen oder Schildkröten. Sie leben auf dem Land.

Sahara: in Afrika gelegene, größte Wüste der Erde

Savanne: Graslandschaft in Tropengebieten

Säugetiere: Tierklasse, die ihre Jungen lebend zur Welt bringt und sie mit Muttermilch säugt

Tropen: die heißen Gebiete beiderseits des Äquators

Troposphäre: unterstes Stockwerk der Atmosphäre der Lufthülle

Tundra: Kältesteppe im Norden der Erde

DAS WILL ICH WISSEN

Maria Seidemann

Das Leben im Mittelalter

Das Mittelalter ist die große Zeit der Ritter. Es ist aber auch die Zeit mächtiger Könige, armer Bauern, fahrender Händler, frommer Mönche und vieler anderer Menschen. Dieses Buch erzählt interessante Geschichten aus einer spannenden Zeit: vom regen Handel der Kaufleute, von der Geschicklichkeit der Handwerker und von den gefährlichen Reisen der Pilger.

48 Seiten • Gebunden • Ab 6 Jahren • Mit zahlreichen farbigen Illustrationen

ISBN 978-3-401-06281-5

www.arena-verlag.de

Arena

DAS WILL ICH WISSEN

Hauke Kock

Die Wikinger

Wer waren die Wikinger? Warum waren sie in ganz Europa als kämpferisches Volk gefürchtet? Und welche Entdeckungen machten die geschickten Schiffsbauer auf See? Dieses Buch erzählt vom Alltagsleben der Wikingerfamilien in ihrer Heimat, von den Seefahrten der wilden Nordmänner ins Ungewisse und von neuen unerforschten Ländern.

48 Seiten • Gebunden • Ab 6 Jahren • Mit zahlreichen farbigen Illustrationen

ISBN 978-3-401-06284-6

www.arena-verlag.de

Arena

DAS WILL ICH WISSEN

Margot Hellmiß

Die Feuerwehr

Tatütata, die Feuerwehr …
Hier erfahren Kinder, was Feuerwehrleute alles machen – vom Feuerlöschen bis zum Einfangen entlaufener Zootiere. Die Leserinnen und Leser begleiten die Feuerwehrmänner bei spannenden Einsätzen und lernen auf anschauliche Weise die Aufgaben und die Ausrüstung der Feuerwehr kennen.

48 Seiten • Gebunden • Ab 6 Jahren • Mit zahlreichen farbigen Illustrationen

ISBN 978-3-401-06286-0

www.arena-verlag.de

Arena